AF562779

PÉTITION

AU SÉNAT

ET

A LA CHAMBRE DES DÉPUTÉS.

DEMANDE

D'UNE

NOUVELLE LOI ÉLECTORALE

PAR

M. RENUCCI

CAPITAINE EN RETRAITE.

BASTIA

FABIANI, ÉDITEUR.

1877.

PÉTITION

AU SÉNAT

ET

À LA CHAMBRE DES DÉPUTÉS.

DEMANDE

D'UNE

NOUVELLE LOI ÉLECTORALE

PAR

M. RENUCCI

CAPITAINE EN RETRAITE.

BASTIA

FABIANI, ÉDITEUR.

1877.

PRÉFACE.

Comme son titre l'indique, cet écrit est une pétition au Sénat et à la Chambre des députés, portant demande d'une nouvelle loi électorale.

Ces deux grands corps de l'État lui donneront telle suite qu'ils jugeront convenable; mais son contenu intéresse tout le monde, et il est utile de le soumettre à l'appréciation du public sous la forme d'une brochure.

La cause que je défends devant le Pouvoir législatif et devant le Public n'est pas celle d'un parti, c'est la cause du suffrage universel, et, qu'on le sache bien, la cause du suffrage universel est aujourd'hui la cause de la société moderne. En effet, le suffrage universel est une institution qu'on ne peut plus supprimer sans tomber sous le despotisme brutal et dégradant du sabre, et, selon qu'on le pratiquera d'une façon morale ou immorale, il deviendra le salut ou la perte de la démocratie française. Il convient donc que tous les partis s'attachent à le perfectionner, afin qu'il puisse devenir l'arbitre autorisé et respecté de toutes leurs contestations : c'est l'unique moyen d'assurer la paix à l'intérieur.

PÉTITION

AU SÉNAT

ET

A LA CHAMBRE DES DÉPUTÉS.

DEMANDE

D'UNE

NOUVELLE LOI ÉLECTORALE.

Messieurs les Sénateurs,

Messieurs les Députés,

La pétition que j'ai l'honneur de vous adresser a pour but d'appeler votre haute attention sur l'insuffisance des lois existantes pour atteindre et réprimer les abus qui faussent et dégradent le suffrage universel, et sur la nécessité de faire le plus promptement possible une nouvelle loi électorale.

Voulant contribuer, dans la mesure de mes capacités, à résoudre l'importante question que je soumets au Pouvoir législatif, je la traite sous la forme d'un projet de loi accompagné d'un Exposé des motifs.

Les dispositions de ce projet de loi ont été mûrement réfléchies, et elles me paraissent de nature à protéger efficacement la liberté et la moralité du suffrage universel; s'il en était autrement, elles ne manqueraient pas d'être utiles comme données propres à faciliter le travail législatif des deux Chambres.

Veuillez agréer,

Messieurs les Sénateurs,
Messieurs les Députés,

l'hommage de mon profond respect.

RENUCCI

Capitaine en retraite.

Olmi-et-Cappella, le 25 août 1877.

EXPOSÉ DES MOTIFS

DU PROJET DE LOI ÉLECTORALE CI-JOINT.

Pour traiter la question du suffrage universel d'une manière sérieuse et approfondie, il convient de la considérer sous les quatre titres suivants :

1° Importance sociale du suffrage universel;

2° Législation actuelle du suffrage universel;

3° Pratique actuelle du suffrage universel;

4° Changements utiles que le projet de loi ci-joint apporte à la législation et à la pratique actuelles du suffrage universel.

I.

Importance sociale du Suffrage universel.

Le suffrage universel est l'organe de la souveraineté nationale; il est la base de toute société démocratique, et c'est de lui que, directement ou indirectement, dérivent et relèvent tous les pouvoirs politiques.

Les pouvoirs politiques sont, pour ainsi dire, l'esprit et le cœur de la société. Celle-ci subit une influence directe et profonde de leur capacité ou de leur incapacité, de leur moralité ou de leur immoralité.

La société progresse et s'élève dans la mesure où les pouvoirs politiques sont intellectuellement et moralement élevés; elle se corrompt et déchoit dans la mesure où ils sont intellectuellement et moralement pervertis.

La corruption du suffrage universel amène forcément la corruption des pouvoirs politiques, et, par loi de réaction, les pouvoirs politiques corrompus corrompent la société du faîte à la base et la conduisent rapidement à l'état de dégradation dont parlait Tacite : *Omnia serviliter pro dominatione.* A cet état, la société, comme celle du Bas-Empire, ne se compose plus que d'une classe d'égoïstes et de repus, en haut, et d'une misérable et vile plèbe, en bas. Ces égoïstes et ces repus, pour se maintenir comme pour arriver au pouvoir, ne manquent pas de parler haut et à tout propos de droit, de justice, d'ordre, de bien public, de patrie etc.; mais ces mots sacrés valent sur leurs lèvres ce que valent les fleurs sur le front de la prostituée.

N'avons-nous pas déjà trop de gens de ce type aujourd'hui ?

Le suffrage universel est moral de son essence, par la raison que le peuple, dans son ensemble, n'a aucun motif d'aimer les priviléges et les privilégiés, et qu'il a tout intérêt à assurer le règne du droit et de la justice.

Libre et livré à sa propre spontanéité, le suffrage universel portera généralement ses choix sur les plus capables et les plus dignes, parce que le mérite est une recommandation naturelle et morale auprès de chacun et que chacun comprend que l'homme de mérite peut mieux que tout autre servir et faire valoir les intérêts publics. Quand le suffrage universel délaisse le mérite pour porter ses choix sur des hommes incapables et indignes, c'est que des ambitieux et des intrigants, c'est-à-dire de mauvais citoyens et de malhonnêtes gens, usent de toutes sortes de corruptions, d'intimidations, d'excitations mensongères et malsaines pour pervertir les électeurs et les faire voter, non selon leurs convictions et leur conscience, mais selon certains intérêts étroits et égoïstes qu'ils savent leur créer et leur mettre sous les yeux au moment d'une élection.

La loi électorale doit donc être la solution du problème suivant :

« Assurer, dans la pratique, l'indépendance et la moralité du suffrage universel. »

II.

Législation actuelle du Suffrage universel.

La législation actuelle du suffrage universel se compose de beaucoup de lois et décrets portés à des dates diverses. Si la pratique était conforme aux dispositions de cette législation, la liberté et la sincérité des élections ne laisseraient rien à désirer. Pour s'en convaincre, il suffit de lire les décrets organique et réglementaire du 2 février 1852 et la loi du 30 novembre 1875. Il est bien d'en reproduire les dispositions suivantes :

Décret organique du 2 février 1852.

« Art. 38. Quiconque aura donné, promis ou reçu des deniers, effets ou valeurs quelconques, sous la condition soit de donner ou de procurer un suffrage, soit de s'abstenir de voter, sera puni d'un emprisonnement de 3 mois à 2 ans et d'une amende de 500 à 5000 francs.

« Seront punis des mêmes peines ceux qui, dans les mêmes conditions, auront fait ou accepté l'offre ou la promesse d'emplois publics ou privés.

« Si le coupable est fonctionnaire public, la peine sera du double.

« Art. 39. Ceux qui, par voies de fait, violences ou menaces contre un électeur, soit en lui faisant craindre de perdre son emploi ou d'exposer à un dommage sa personne, sa famille ou sa fortune, l'auront déterminé à s'abstenir de voter, ou auront influencé un vote, seront punis d'un emprisonnement d'un mois à un an, et d'une amende de 100 à 1000 francs; la peine sera du double si le coupable est fonctionnaire public.

« Art. 40. Ceux qui, à l'aide de fausses nouvelles, bruits calomnieux ou autres manœuvres frauduleuses, auront surpris ou détourné des suffrages, déterminé un ou plusieurs électeurs à s'abstenir de voter, seront punis d'un emprisonnement d'un mois à un an et d'une amende de 100 à 2000 francs. »

Décret réglementaire du 2 février 1852.

« Art. 30. Les bulletins blancs, ceux ne contenant pas une désignation suffisante, ou dans lesquels les votants se font connaître n'entrent point en compte dans le résultat du dépouillement, mais ils sont annexés au procès-verbal. »

Loi du 30 *novembre* 1875.

« Art. 3. Pendant la durée de la période électorale, les circulaires et professions de foi signées des candidats, les placards et manifestes électoraux signés d'un ou de plusieurs électeurs pourront, après dépôt au parquet du Procureur de la République, être affichés et distribués sans autorisation préalable.

« La distribution des bulletins de vote n'est point soumise à la formalité du dépôt au parquet.

« Il est interdit à tout agent de l'autorité publique ou municipale de distribuer des bulletins de vote, professions de foi et circulaires des candidats.

« Les dispositions de l'article 19 de la loi organique du 2 août 1875, sur les élections des sénateurs, seront appliquées aux élections des députés.

« Art. 5. Les opérations du vote auront lieu conformément aux dispositions des décrets organique et réglementaire du 2 février 1852.

« Le vote est secret.

« Les listes d'émargement de chaque section, signées du Président et du secrétaire, demeureront déposées pendant huitaine au secrétariat de la Mairie, où elles seront communiquées à tout électeur requérant. »

De la législation à la pratique du suffrage universel la différence est grande! on va en juger.

III.

Pratique actuelle du Suffrage universel.

La bonne pratique du suffrage universel dépend, avant tout, du secret du vote.

Le secret du vote est actuellement violé par les trois moyens suivants :

1er *Moyen.* Le candidat ou les agents du candidat remettent à l'électeur un bulletin portant un signe de reconnaissance à l'intérieur, appelé *clef*, et au dépouillement du scrutin, ils vérifient si ce bulletin sort. Ce signe de reconnaissance est constitué, soit par une indication superflue placée après le nom du candidat, soit par une variation d'écriture, soit par une variation dans les qualités et titres du candidat, soit en laissant un espace considérable entre certaines indications du bulletin, soit en écrivant les indications du bulletin au haut, au bas, à droite ou à gauche du carré de papier; la *clef* peut même consister en une simple virgule placée de telle ou telle manière. Au dépouillement du scrutin, ceux qui ont donné des *clefs* vérifient si elles sortent, soit en prenant note des indications des bulletins lues par le Président, soit en examinant le contenu des bulletins au moment où le Président les déplie pour les lire. Souvent c'est le Président lui-même qui donne et vérifie une partie des *clefs*.

Avec la législation actuelle, il est impossible d'empêcher l'usage des *clefs*, parce que chacun étant libre d'écrire son bulletin lui-même ou de le faire écrire par qui il veut, on peut toujours soutenir que les variations du contenu des bulletins sont le résultat naturel de cette liberté. On ne peut constater sûrement l'existence des *clefs* et en faire l'objet d'une opposition que dans le cas où ces *clefs* révèlent un système de signes de reconnaissance bien déterminé, par exemple, quand les bulletins d'un candidat étant imprimés, on trouve sur un grand nombre de ces bulletins des indications différentes et superflues écrites à la main. C'est à un tel système de *clefs* que se rapporte la décision du Conseil d'État du 26 janvier 1877.

2e *Moyen.* Le candidat ou les agents du candidat remettent un bulletin à l'électeur à la porte de l'édifice où a lieu le vote et ils l'accompagnent ou le font accompagner jusqu'à l'urne pour s'assurer s'il change ce bulletin en chemin. Ce moyen est souvent employé, et on ne saurait le réprimer avec la législation actuelle.

3e *Moyen.* Généralement les bulletins des candidats diffèrent un peu par le format ou la qualité du papier. Il est des candidats qui établissent cette différence à dessein. Dès lors, les assistants, les membres du bureau et surtout le Président reconnaissent à simple vue à quel candidat appartient le bulletin que l'électeur présente. Et, comme dans les campagnes les assistants et les membres du bureau connaissent personnellement tous les électeurs de leur commune, il arrive qu'ils savent approximativement quels sont les électeurs qui ont voté pour tel ou tel candidat.

Par l'emploi et la combinaison de ces trois moyens le vote est public au lieu d'être secret.

La publicité du vote a les conséquences suivantes :

En premier lieu, elle enlève leur liberté électorale à beaucoup d'électeurs dont les affaires et les intérêts dépendent, à quelque égard, de personnes dévouées à l'un des candidats. Les électeurs sont obligés de voter selon les indications et les exigences de ces personnes, pour ne pas compromettre leurs intérêts ; il en est peu qui savent résister.

En second lieu, elle facilite et provoque la corruption électorale. Du moment qu'un candidat peut connaître, directement ou par ses agents, les votes des électeurs et que les électeurs peuvent faire connaître leurs votes à un candidat, ce candidat peut acheter la partie vénale des électeurs, soit à prix d'argent, soit par l'offre d'autres avantages d'ordre matériel ou d'ordre moral. C'est ce que beaucoup de candidats font aujourd'hui. Il est même des candidats qui ne craignent pas de transformer la période électorale en une période d'ivrognerie et de débauche en ouvrant gratuitement les cabarets à la partie besogneuse et dépravée des électeurs. Celle-ci s'empresse de profiter de ces générosités de circonstance et vote pour qui mieux la fait boire et manger. Avec de tels abus, une élection devient une question d'argent, et la puissance électorale appartient à la féodalité financière.

En troisième lieu, elle crée à chaque élection une situation très-difficile et très-pénible à beaucoup de pauvres gens qui ont besoin de tous pour vivre, et qui en votant pour les uns perdent la bienveillance des autres. Quelquefois les luttes électorales à découvert engendrent entre les habitants de la même commune et du même canton des animosités et des rancunes qui ne se dissipent que longtemps après.

Le secret absolu du vote est donc, à tout point de vue, d'une nécessité impérieuse.

Un abus électoral que la loi ne défend pas, mais qu'il importe de supprimer parce qu'il a une influence funeste sur la moralité du suffrage universel, c'est la quête des suffrages à domicile et de personne à personne. Cette quête se fait avec une importunité, une exigence et parfois une pression dont rien n'approche. Tous les électeurs jusqu'au dernier berger et au dernier journalier, sont pris individuellement à partie soit par les candidats, soit par leurs agents et leurs adhérents. Tous les moyens sont mis en œuvre pour obtenir leurs suffrages. Selon le cas, on les sollicite au nom de la parenté ou de l'amitié, des services qu'on leur a rendus ou que l'on est disposé à leur rendre. Si ces moyens ne suffisent pas, on rappelle aux uns que leur manière de voter peut servir ou compromettre leurs intérêts personnels; on propose aux besogneux et aux endettés des marchés clandestins qui sont généralement acceptés. Cet abus est tellement passé dans les mœurs électorales des campagnes — du moins en Corse — que beaucoup d'électeurs trouvent qu'un candidat qui ne leur demande pas personnellement leurs suffrages, ne leur témoigne pas assez de considération ou ne veut contracter aucune obligation envers eux, et dès lors ils ne votent pas pour lui. Ils ne comprennent pas que leurs suffrages sont dus de plein droit à la personne qu'ils jugent la plus digne d'être investie du mandat public qu'ils ont à conférer et non aux mandiants ou aux marchands de suffrages; qu'une élection a pour but de donner un bon défenseur aux intérêts généraux et non de donner satisfaction à des ambitions mal fondées et à des intérêts égoïstes; que, par conséquent, c'est aux électeurs d'aller au-devant des candidats et non aux candidats d'aller au-devant des électeurs.

Certains candidats fort riches pratiquent la quête

des suffrages et la corruption électorale d'une façon un peu plus élevée. Ils parcourent les communes, visitent les électeurs influents et font des dons ou des promesses d'argent, tantôt pour la construction, tantôt pour la réparation des édifices religieux ou municipaux.

En résumé les mœurs électorales qui règnent aujourd'hui sont la dégradation des électeurs, la prostitution du suffrage universel et une violation scandaleuse de l'ordre légal et de l'ordre moral.

Quand de tels procédés restent non-seulement impunis, mais même sans poursuites, on est obligé de conclure ou que la loi fait défaut au ministère public, ou que le ministère public fait défaut à la loi.

En tout cas, l'impunité a ici un résultat funeste : elle encourage ceux qui pratiquent les abus et décourage ceux qui les combattent. L'intérêt social veut que le contraire ait lieu, et il importe que le pouvoir législatif et le pouvoir exécutif se préoccupent sérieusement d'un tel état de choses.

IV.

Changements utiles que le projet de loi ci-joint apporte à la législation et à la pratique actuelles du suffrage universel.

L'article 1er rappelle à l'électeur que son suffrage est dû au plus méritant et non au plus intrigant. Il lui impose le serment comme à un fonctionnaire et il l'oblige à résister à la pression et à la corruption électorales, sous peine de parjure. Le serment est un lien religieux pour la grande majorité des hommes, et un engagement d'honneur pour tous. Cet article seul est donc de nature à relever et à sauvegarder, dans une grande mesure, la moralité du suffrage universel.

L'article 2 limite la propagande électorale à la communication et à l'échange des idées et des sentiments, soit au moyen de la presse, soit au moyen des discours. C'est maintenir l'action électorale dans le domaine intellectuel et moral.

L'article 3 interdit et punit la quête des suffrages à domicile et de personne à personne. Il n'est pas de la dignité d'un candidat qui se respecte d'aller mendier des suffrages de porte en porte et auprès de chaque électeur. Quand un candidat descend à ce rôle, c'est qu'il cherche à baser sa candidature, non sur des principes et des sentiments élevés, mais sur des intérêts égoïstes, sur des intimidations coupables et sur des marchés inavouables et clandestins.

L'article 4 punit toute tentative de corruption ou d'intimidation des électeurs, qu'elle soit faite par des particuliers ou par des fonctionnaires publics. Les candidatures officielles doivent être condamnées pour trois raisons : 1° Elles faussent le suffrage universel en intimidant une partie des électeurs; 2° elles avilissent les fonctionnaires en les transformant en courtiers électoraux au service de n'importe quel Ministère, et en les forçant à voter et à faire voter, non-seulement contre leurs convictions, mais encore contre les idées qu'ils ont été obligés de soutenir sous un Ministère précédent, — c'est en faire des laquais; — 3° elles outragent et pervertissent la morale publique par le spectacle de cette foule de révocations et de nominations scandaleuses qui se produisent à chaque changement de Ministère.

Ce même article abroge les mots *reçu* et *accepté* de l'article 38 du décret organique du 2 février 1852. Cette abrogation est nécessaire, parce que, en punissant celui qui a reçu des deniers ou accepté l'offre ou la promesse d'emplois pour son suffrage, comme celui qui a donné ces deniers ou a fait cette offre ou promesse pour obtenir ce suffrage, l'un et l'autre sont également intéressés à cacher et à nier le marché, et il devient très-difficile, sinon impossible, de constater et de prouver le délit de corruption électorale. Il est donc préférable, pour le résultat pratique, de n'incriminer et de ne punir que les acheteurs de suffrages; alors les électeurs dont on aura acheté les suffrages, n'ayant rien à craindre pour eux-mêmes, seront généralement peu portés à garder le secret sur ces sortes de marchés, et la corruption électorale pourra être mieux combattue.

L'article 5 punit l'embauchage électoral que certains candidats pratiquent en ouvrant gratuitement les cabarets à la partie famélique et débauchée des électeurs. Il punit également les fêtes et les manifestations publiques se rapportant à un triomphe électoral. L'ordre public et la dignité du suffrage universel n'ont rien à gagner à ces fêtes et à ces manifestations, et elles sont, pour le moins, une inconvenance grossière et presque provocatrice envers les candidats et les partis vaincus.

L'article 6 punit la violation du secret du vote. Le secret du vote est la condition, *sine quâ non*, de l'exercice moral et pacifique du suffrage universel.

Les articles 7, 8, 9, 10, 11, 12, 13, 14, 15, 16, 17, 18 et 19 constituent, dans leur ensemble, un système de voies et moyens de nature à prévenir la violation du secret du vote et à faciliter la constatation et la preuve de cette violation si elle vient à avoir lieu. Les prévisions de la législation actuelle sont insuffisantes pour garantir le secret du vote, et il a été dit qu'on violait ce secret, 1° par l'emploi de signes de reconnaissance placés à l'intérieur des bulletins, tels que variations des dénominations, variations des écritures etc.; 2° par la variation de la qualité et du format du papier des bulletins; 3° en donnant à l'électeur un bulletin à l'entrée de l'édifice où a lieu le vote et en le surveillant jusqu'à l'urne. Le présent projet de loi rend impossibles ces divers procédés. Ces dispositions organiques sont parfois minutieuses, mais en pareille matière on ne peut obtenir un bon résultat qu'en réglementant dans leurs moindres détails les opérations pratiques.

Les articles 20, 21 et 22 permettent aux candidats d'exercer personnellement ou par des commissaires une surveillance efficace sur les opérations du vote, et au Président d'éviter l'encombrement et le désordre dans la salle de la table du bureau. Le contrôle du public est généralement peu sérieux.

Les articles 23, 24 et 25 facilitent aux candidats l'affichage de leurs professions de foi et circulaires électorales dans les campagnes. Il importe que tous les candidats puissent faire connaître leurs idées politiques aux électeurs des campagnes comme à ceux des villes, par l'affichage de leurs professions de foi et circulaires électorales. Ils ne le peuvent pas actuellement parce qu'il n'y a aucun agent d'affichage dans les communes rurales. L'affichage par voie administrative lève cette difficulté.

Faciliter l'affichage des professions de foi et circulaires électorales dans les campagnes, c'est faciliter le développement de la vie politique chez les populations rurales, c'est mettre ces populations à même de juger les candidats d'après les idées et les principes qu'ils professent réellement, et non d'après ceux que l'ignorance, la mauvaise foi et la calomnie leur prêtent. On grandit et on moralise le suffrage universel dans la mesure où on l'éclaire.

L'article 26 statue que toute infraction aux dispositions de la présente loi, qui n'est frappée d'aucune peine déterminée, sera punie d'une amende de 5 à 100 francs.

Comme il est difficile de prévoir et d'énumérer tous les moyens irréguliers et frauduleux dont on peut user pour porter atteinte à la liberté et à la sincérité des élections, il convient d'édicter une pénalité générale pour toutes les infractions possibles à la présente loi. On atteint ainsi tous les falsificateurs du suffrage universel.

PROJET DE LOI ÉLECTORALE.

TITRE I.

Dispositions ayant pour but d'assurer la dignité et la moralité du suffrage universel.

ART. 1er.

Nul citoyen n'est inscrit sur la liste électorale d'une commune qu'autant qu'il justifie qu'il a prêté le serment suivant devant le juge de paix du canton où il réside :

« Je jure de donner, dans toute élection, mon suffrage au candidat que je croirai le plus digne d'être investi du mandat public que les électeurs ont à conférer. »

ART. 2.

La propagande électorale est limitée aux moyens suivants :

1° Articles de journaux, brochures et livres ;

2° Publication, affichage et distribution de professions de foi et de circulaires électorales signées des candidats, de placards et manifestes électoraux signés d'un ou de plusieurs électeurs ;

3° Discussions dans les réunions privées et publiques.

ART. 3.

Toute quête de suffrages à domicile et de personne à personne est interdite.

Tout candidat ou agent d'un candidat convaincu

d'avoir fait une telle quête, sera puni d'un emprisonnement de 6 jours à 3 mois et d'une amende de 10 à 100 francs.

Art. 4.

Quiconque proposera où fera proposer à un électeur de donner son suffrage à un candidat ou de s'abstenir de voter, en lui promettant un bénéfice quelconque d'ordre matériel ou d'ordre moral, ou en le menaçant d'un préjudice quelconque d'ordre matériel ou d'ordre moral, sera puni d'un emprisonnement de 3 mois à 2 ans et d'une amende de 500 à 5000 francs.

Les dispositions pénales de cet article sont applicables à tous les fonctionnaires publics, y compris les Ministres, qui tenteraient d'influencer le vote de leurs subordonnés hiérarchiques.

L'article 38 du décret organique du 2 février 1852 est abrogé pour ce qui concerne les deux mots *reçu* et *accepté*.

Art. 5.

Quiconque aura donné ou fait donner gratuitement à boire ou à manger, dans des lieux publics ou privés, dans un but de corruption électorale, sera puni d'un emprisonnement de trois mois à un an et d'une amende de 500 à 5000 francs.

Sera puni des mêmes peines quiconque, après une élection, aura organisé des manifestations publiques ou aura donné des fêtes, dans le but, soit d'exalter les candidats ou les partis qui ont triomphé, soit de froisser les candidats ou les partis qui ont succombé.

ART. 6.

Quiconque aura intentionnellement mis en œuvre des procédés propres à faire connaître le vote d'un ou de plusieurs électeurs sera puni d'un emprisonnement de 3 mois à 2 ans et d'une amende de 500 à 5000 fr.

La peine sera du double si ces procédés sont le fait d'un membre du bureau, d'un fonctionnaire public, où s'ils constituent une manœuvre électorale concertée et organisée entre plusieurs personnes.

TITRE II.

Dispositions organiques ayant pour but d'assurer le secret du vote dans l'exercice du Suffrage universel.

ART. 7.

Pour toute élection au suffrage universel, les bulletins de vote seront fournis par le Ministère de l'intérieur. A cet effet, le gouvernement arrêtera deux modèles types de bulletins de vote, de dimensions différentes, dont le plus grand sera affecté aux élections par scrutin de liste et l'autre aux élections par scrutin uninominal.

Le papier de ces modèles types devra différer sensiblement, quant à la qualité et à la couleur, du papier ordinaire en usage dans le commerce.

Le Ministre de l'intérieur passera un marché pour assurer un approvisionnement permanent des deux types de bulletins à chaque Sous-préfecture et à chaque Mairie.

Art. 8.

Les électeurs ne peuvent faire usage que des bulletins de vote fournis par l'administration. Si au dépouillement du scrutin on en trouve d'un autre type, ils seront annulés.

Art. 9.

Au moment d'une élection au suffrage universel, la Mairie est tenue de fournir tel nombre de bulletins imprimés ou manuscrits qui lui sont demandés par un électeur de la commune pour une candidature quelconque uninominale ou par scrutin de liste.

Ces bulletins doivent être fournis dans les 48 heures.

La demande est faite par écrit au Maire; elle doit être au moins de 50 bulletins; elle doit indiquer les nom, prénoms et qualités du candidat ou des candidats.

Le nombre de bulletins commandés doit être payé en remettant la demande à raison de 10 francs le mille pour le format du scrutin uninominal et de 20 francs le mille pour le format du scrutin de liste.

Le Maire ou celui qui le remplace doit donner récépissé de la commande de bulletins, en indiquant l'heure à laquelle elle a été déposée à la Mairie.

Les sommes provenant des commandes de bulletins sont acquises à la caisse municipale.

Art. 10.

Le Maire peut refuser d'obtempérer à des demandes de bulletins hors de proportion avec le nombre des électeurs inscrits dans la commune et qu'il croirait être faites, non pour les besoins de telle ou telle candidature, mais dans le but de rendre l'élection impossible en épuisant prématurément le dépôt de bulletins de la Mairie.

Quiconque aura détruit où détourné les bulletins d'un candidat dans le but d'en priver les électeurs, ou qui aura fait des demandes de bulletins à la Mairie dans le but d'épuiser prématurément le dépôt de bulletins qui s'y trouve, sera puni d'un emprisonnement de 3 mois à 2 ans et d'une amende de 500 à 2000 fr.

Art. 11.

Quand la Mairie ne se trouve pas en mesure de faire imprimer les bulletins des candidats, le Maire les fait écrire à la main par un ou plusieurs secrétaires désignés par le conseil municipal.

Ces secrétaires sont rétribués sur les fonds provenant des commandes de bulletins, d'après un tarif établi par le conseil municipal.

Les bulletins écrits par chaque secrétaire doivent être absolument uniformes comme écriture, comme indications et comme position de l'écriture sur le cadre du bulletin.

Les secrétaires doivent déchirer immédiatement les bulletins qu'ils auraient mal écrits ou maculés par accident.

Tout secrétaire convaincu d'avoir maculé des bulletins ou varié leur contenu dans le but d'établir des signes de reconnaissance, sera puni d'un emprisonnement de trois mois à deux ans et d'une amende de 500 à 5000 francs. Sera puni des mêmes peines quiconque se rendra complice d'une telle manœuvre ou aura donné ces bulletins à des électeurs dans le but de connaître leurs votes.

Au dépouillement du scrutin, le bureau annullera : 1° tous les bulletins manuscrits qui ne seront pas écrits par les secrétaires désignés par le conseil municipal ; 2° tous les bulletins imprimés ou manuscrits qui porteront à l'extérieur ou à l'intérieur des marques ou des variations constituant des signes de reconnaissance ; 3° tous les bulletins où il y aura des noms ou des mots biffés ou ajoutés.

Art. 12.

Tout candidat pourra demander à la Sous-préfecture de sa résidence ou à la Sous-préfecture de la circonscription où il concourt tel nombre de bulletins qu'il jugera nécessaire à sa candidature, et les faire imprimer et distribuer directement et à ses frais.

Ces bulletins blancs seront livrés par les Sous-préfectures à raison de 5 francs le mille, pour le format du scrutin uninominal, et de 10 francs le mille, pour le format du scrutin de liste.

Art. 13.

Quiconque aura écrit le bulletin d'un électeur, aura fait des marques au bulletin d'un électeur ou aura donné à un électeur un bulletin portant un signe de reconnaissance, soit dans le but de connaître son vote, soit dans le but de faire annuler son bulletin, sera puni d'un emprisonnement de 3 mois à 2 ans et d'une amende de 500 à 5000 francs.

Art. 14.

Quand l'élection doit avoir lieu au scrutin de liste, l'électeur qui fait une commande de bulletins à la Mairie doit consigner, sur sa demande écrite, la liste des noms qui doit être portée sur les bulletins.

Tous les noms de cette liste seront portés sur les bulletins dans l'ordre où ils sont mis sur la demande écrite.

Si la liste consignée sur la demande écrite contient plus de noms qu'il n'y a de candidats à élire, les derniers noms en plus ne seront pas portés sur les bulletins.

Art. 15.

Les Mairies et les Sous-préfectures rembourseront au Trésor le prix des bulletins consommés, à raison de 5 francs le mille pour le format du scrutin uninominal et de 10 francs le mille pour le format du scrutin de liste.

Art. 16.

Dans le cas où, par une cause quelconque, les bulletins de l'administration viendraient à manquer à une Mairie, le Maire en demandera immédiatement aux Mairies voisines qui en seront pourvues. Celles-ci devront obtempérer sur le champ à la demande.

Art. 17.

Le dimanche qui précède l'élection, le conseil municipal se réunit pour désigner les membres du bureau de l'assemblée électorale de la commune, et, s'il y a lieu, des sections électorales que la commune comprend.

Les personnes désignées pour être membres du bureau sont prévenues par les soins du Maire si elles sont absentes, et, sauf empêchement légitime, elles doivent accepter et remplir à l'heure indiquée la mission qui leur est confiée, sous peine d'une amende de 10 à 100 francs.

Le Président de l'assemblée électorale remplace immédiatement par un électeur présent sachant lire et écrire tout membre du bureau qui vient à faire défaut.

Dans la même séance, le conseil municipal désigne, s'il ne l'a pas fait dans une séance antérieure, les secrétaires qui doivent écrire les bulletins de vote.

Au cas où un secrétaire viendrait à faire défaut après la désignation du conseil municipal, le Maire désigne une autre personne pour le remplacer.

Art. 18.

Pour l'opération du vote, on prendra les dispositions suivantes :

1° Il devra y avoir ou l'on devra ménager un certain parcours entre la porte d'entrée de l'édifice où a lieu le vote et la salle du bureau. Personne ne devra stationner dans ce parcours.

2° Il sera placé à la porte de l'édifice où a lieu le vote un agent de la force publique ou un agent municipal. Cet agent devra veiller : 1° à ce que personne ne stationne dans un rayon de 10 mètres de cette porte; 2° que nul électeur ne pénètre dans l'édifice son billet à la main ou placé d'une manière apparente sur lui; 3° que personne, sauf dans le cas d'impotence, n'accompagne un électeur dans le parcours qui se trouve entre la porte de l'édifice et la salle du bureau; il ne doit être suivi que par l'électeur qui vote après lui et à un intervalle de quelques secondes.

3° Il sera placé à la porte de la salle du bureau un agent de la force publique ou un agent municipal. Cet agent devra veiller à ce que tout électeur qui pénètre dans la salle du bureau ait son billet à la main et plié régulièrement en quatre.

ART. 19.

Tout électeur qui, arrivé dans la salle du bureau, ouvrira son bulletin pour faire connaître son vote, ne sera pas admis à voter et sera puni d'une amende de 5 à 50 francs.

TITRE III.

Dispositions ayant pour but d'accorder aux candidats ou à leurs adhérents une surveillance efficace sur les opérations du vote.

ART. 20.

Chaque candidat pourra assister aux opérations du vote dans toutes les assemblées électorales de la circonscription de sa candidature; il pourra, de plus, se faire représenter dans chacune de ces assemblées par deux commissaires de son choix; ces commissaires seront admis à remplir leur mission de surveillance sur une demande écrite, faite par le candidat au Président de l'assemblée électorale.

Si un candidat n'a pas désigné de commissaires dans un collége électoral, deux électeurs de ce collége, se déclarant les adhérents de ce candidat, pourront demander à remplir eux-mêmes les fonctions de commissaires. A cet effet, ils auront à présenter au Président du bureau, à l'ouverture ou après l'ouverture du scrutin, une demande écrite et portant leurs signatures.

S'il y a des demandes multiples, le Président donnera la préférence à ceux qui auront formulé la première demande.

ART. 21.

Les commissaires de surveillance étant suffisants pour assurer le contrôle de toutes les opérations du vote, le Président du bureau pourra, s'il le juge nécessaire dans l'intérêt de l'ordre, interdire la circulation et le stationnement des électeurs dans la pièce de la table du bureau.

ART. 22.

La table du bureau devra être disposée de façon à ce que les commissaires de surveillance puissent circuler et stationner alentour.

TITRE IV.

Dispositions ayant pour but de faciliter aux candidats l'affichage de leurs professions de foi et circulaires électorales.

ART. 23.

Tout candidat peut faire afficher par voie administrative une profession de foi ou une circulaire électorale signée de lui, et dont le dépôt aura été fait au parquet du Procureur de la République de l'arrondissement. A cet effet, il dépose au secrétariat de la Sous-préfecture, au moins huit jours avant celui de l'élection, le nombre de professions de foi ou de circulaires qu'il veut faire afficher; ce nombre est fixé à trois au moins et à six au plus par collége électoral.

Le Sous-préfet les fait afficher, dans le délai de trois jours, par les soins des Maires, dans les circonscriptions de tous les colléges électoraux.

ART. 24.

Tous les frais relatifs à l'affichage des professions de foi et circulaires par voie administrative sont à la charge des candidats; ils sont calculés d'après un tarif établi par le Ministère de l'Intérieur. Le format de ces professions de foi et circulaires est déterminé par le Ministre de l'Intérieur.

TITRE V.

Élections Sénatoriales.

ART. 25.

Les dispositions de la présente loi sont applicables aux élections sénatoriales, sauf les modifications suivantes :

1° La Sous-préfecture, la Mairie et le Maire du chef-lieu du département effectueront tout ce qui est relatif à la fourniture et à l'impression des bulletins de vote comme il a été dit au titre II pour les élections au suffrage universel.

2° Le bureau du collége électoral, après s'être constitué selon les prescriptions de l'article 12 de la loi du 2 août 1875 et avoir nommé le personnel des sections de vote selon les dispositions de l'article 13 de la même loi, fera évacuer la salle du vote et les électeurs y pénètreront ensuite isolément comme il est dit à l'article 18 de la présente loi.

3° Les professions de foi et circulaires dont il est parlé à l'article 23 seront, après dépôt au parquet du Procureur de la République du chef-lieu du département, remises au secrétariat général de la préfecture ; le Préfet les fera afficher dans le délai de 5 jours dans toutes les communes du département à raison de trois au moins et de six au plus par mairie.

TITRE VI.

Dispositions particulières.

Art. 26.

Toute infraction aux dispositions de la présente loi qui n'est frappée d'aucune peine déterminée, sera punie d'une amende de 5 à 100 francs.

Art. 27.

Les lois antérieures sont abrogées en ce qu'elles ont de contraire aux dispositions de la présente loi.

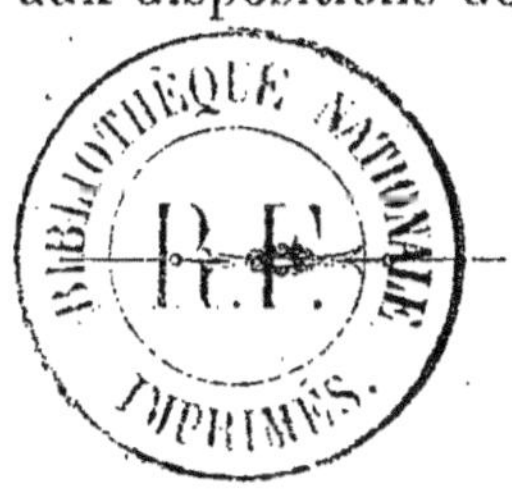

BASTIA. — IMPRIMERIE FABIANI.

www.ingramcontent.com/pod-product-compliance
Lightning Source LLC
LaVergne TN
LVHW020310230826
846091LV00006B/2623

9782012398900